Émile Michel

Le Dessin chez Léonard de Vinci

Beaux-Arts

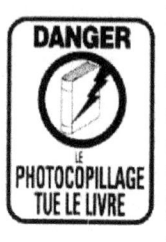
ISBN : 978-1721895120

10 9 8 7 6 5 4 3 2 1

Émile Michel

Le Dessin chez Léonard de Vinci

Beaux-Arts

Table de Matières

Introduction

La vie et les œuvres de Léonard ont été, en ces derniers temps surtout, l'objet de nombreux travaux. Grâce aux progrès incessants de l'héliogravure, de magnifiques publications accompagnées de judicieux commentaires mettent en quelque sorte sous nos yeux ses manuscrits eux-mêmes et les dessins qui en font l'ornement. Après M. Séailles, qui consacrait à l'artiste et au savant une pénétrante étude, M. Eugène Müntz nous donnait ici même le résumé de ses longues et heureuses recherches sur le maître et réunissait ensuite dans un beau volume tout ce que les découvertes de ses prédécesseurs et les siennes propres nous permettent aujourd'hui de savoir sur la vie de Léonard, sur son œuvre et sur le milieu où il a vécu.

Si précieux que soient ces travaux, leurs auteurs confessent eux-mêmes que longtemps encore la critique pourra s'occuper d'un pareil sujet sans risquer jamais de l'épuiser, tant il présente de problèmes et de côtés divers. Entre tous ceux qui sollicitent l'attention, il n'en est pas, croyons-nous, qui, mieux que le dessin de Léonard, mérite de la fixer. Le dessin était, en effet, son véritable langage, et c'est par lui que s'est manifestée sa supériorité. Mais en dehors même des chefs-d'œuvre qu'il a laissés et qui attestent son excellence en ce genre, Je grand artiste se plaisait à disserter et à écrire sur cette partie de son art. Toujours il le faisait avec cet esprit éminemment philosophique qui constitue un des traits les plus saillants de son originalité. Il nous a donc paru qu'il y avait quelque intérêt à chercher si la suite même de ses dessins aussi bien que les notes éparses de ses manuscrits ne présentent pas entre elles un lien, un enchaînement logique, et comme les éléments formels d'une doctrine. Ainsi qu'on le verra, en même temps qu'une part très grande y est attribuée à la science, on sent partout le légitime désir d'assurer par elle au sentiment, à l'imagination et à toutes les facultés créatrices de l'artiste la plénitude de leur exercice. Personne n'a mis dans l'expression de ses pensées plus de netteté que Léonard. Jaloux qu'il est d'acquérir pour lui-même toutes les perfections, il les rêve pour les autres et leur trace la ligne de conduite qui lui paraît la plus propre à les leur procurer. L'art pour lui n'est pas une chose isolée ; il se rattache intimement à la vie, et l'hygiène morale qui lui convient, toute supérieure qu'elle soit, demeure toujours pratique. Cet accord seul peut être fécond et mettre l'artiste en possession de toutes les ressources nécessaires à son complet développement. Il y a là un ensemble de vérités qu'il n'est peut-être pas inutile de rappeler, en invoquant pour elles le bénéfice de l'exemple et des préceptes de Léonard.

Section I

On sait que la plupart des maîtres de la Renaissance ne se bornaient pas à la pratique d'un seul art, et qu'à ses débuts surtout, bon nombre d'entre eux se sont distingués à la fois comme architectes, comme peintres ou sculpteurs, excellant plus ou moins dans ces différents arts suivant leurs tempéraments, leurs goûts ou les conditions mêmes de leur vie. Michel-Ange, qui réunissait en lui ces diverses aptitudes, était avant tout sculpteur, et il affirmait lui-même ses préférences pour la statuaire, qu'il considérait comme très supérieure à la peinture. N'eût-il pas ainsi formulé sa pensée, que ses dessins eux-mêmes auraient témoigné de ses sentiments à cet égard. A le voir exprimer, comme il fait, le modelé de ses figures à grandes hachures de la plume ou du crayon, données fièrement dans le sens de la forme, on reconnaît l'homme habitué à pétrir l'argile ou à marteler le marbre, Léonard, au contraire, vantait la prééminence de la peinture, et cette prédilection résultait pour lui « du peu de matière et du peu d'efforts musculaires qui suffisent à cet art, en comparaison de ce qu'exige la statuaire. » La poésie elle-même devait, suivant lui, s'effacer devant la peinture. « Quel poète, dit-il, est capable, avec des paroles, de mettre en présence d'un amant la fidèle image de son idéal avec autant de vérité que le peintre pourra le faire ! »

Plus universel qu'aucun de ses contemporains par sa curiosité comme par son savoir, Léonard, à raison de l'excellence qu'il attribuait à la peinture, peut être considéré comme le représentant le plus complet de la Renaissance italienne dans ce qu'elle a de vraiment caractéristique. La peinture a été, en effet, la création la plus originale de cette brillante période d'expansion de l'art, et les chefs-d'œuvre qu'elle a produits en ce genre lui appartiennent mieux encore que ceux de la sculpture. Sans doute, les maîtres florentins ont pu ajouter à la statuaire cette expression du sentiment religieux qui, dérivée du christianisme, donne à leurs ouvrages les plus remarquables un charme de tendresse et d'intimité poétiques inconnu des anciens. Mais comme beauté exquise de la forme et largeur de l'exécution, ils n'ont pas dépassé les modèles que leur avaient légués les sculpteurs grecs de la grande époque. La peinture, au contraire, est un art relativement récent et par ce que les écrivains ou les monuments qui nous ont été conservés nous apprennent de ses productions dans l'antiquité, il est permis d'affirmer qu'elle n'a jamais alors tenu la place, ni acquis la perfection qu'elle devait atteindre dans les temps modernes. Aussi l'éducation des peintres de la Renaissance fut-elle lente et laborieuse, et quand on songe à l'enthousiasme que provoquait à son apparition la *Vierge* de Cimabuë, solennellement promenée dans les rues de Florence aux acclamations d'un peuple entier, on peut se faire une idée de tous les progrès, de toutes les découvertes qu'ils avaient à réaliser, en dépit du génie de Giotto, d'Angelico du Fiesole et même de Masaccio, l'inexpérience de leur technique devait conserver à leurs œuvres un air de timidité naïve qui, si charmantes qu'elle nous les fasse paraître aujourd'hui, ne pouvait, sous peine de condamner la peinture à une enfance indéfinie, durer bien longtemps. C'est à assurer cette marche jusque-là hésitante que s'étaient appliqués les prédécesseurs immédiats de Léonard, en faisant profiter leur art des notions positives d'anatomie et de perspective qu'ils avaient successivement acquises, ainsi que de leurs heureuses recherches en vue d'obtenir des proportions plus exactes, des compositions mieux définies et un choix plus sévère dans les formes. Enfin l'emploi de l'huile substitué aux procédés primitifs était venu ajouter à la peinture les précieuses ressources d'éclat et de fini qui lui manquaient encore.

A ses dons extraordinaires, à son infatigable activité, à son amour constant de la nature et de son art, le Vinci joignait un esprit merveilleusement doué pour la science. Après s'être, dès sa jeunesse, assimilé toutes les conquêtes de ses devanciers, il était bientôt appelé à les étendre, et sans jamais faire montre de son prodigieux savoir, il le mettait au service d'un art désormais émancipé et vraiment expressif. Mais si grand que soit le génie du peintre, il convient de dire que les qualités du dessinateur l'emportent de beaucoup chez lui sur celles du coloriste. Ses tonalités sont plus sobres que brillantes, et l'harmonie de ses tableaux résulte plutôt de l'effacement et de la rareté des colorations que de leur diversité ou de leur puissance. Sans même parler des Vénitiens, il a eu, sous ce rapport, des émules et des égaux parmi ses contemporains. Par son dessin, au contraire, il est tout à fait personnel et supérieur, et dans le dessin nous entendons ici comprendre toutes les parties de l'art qui chez lui en dérivent et où il a été vraiment créateur : c'est-à-dire avec la correction, le caractère et la beauté des formes, la science de la composition, celle de l'effet, celle du modelé et des valeurs. C'est là son domaine ; c'est lui qui l'a définitivement constitué et il en est resté le maître. C'est là aussi que les dons qu'il a reçus ont été le plus manifestes, fécondés, comme ils le furent, par une étude intelligente et un travail continu. Dans ses goûts comme dans ses mérites, le dessin tient une place à part, la plus essentielle, la première. Il veut voir sa pensée figurée, et toute description écrite lui semble incomplète. Pour lui, le moindre croquis vaut mieux. Il lui est arrivé plus d'une fois d'exprimer sa pensée sous une forme littéraire, et il y parvient sans grand effort, dans une langue imagée, concise, d'un tour vivant et avec une singulière propriété de termes. Mais le plus souvent il s'interrompt, comme mécontent de sa prose, et soit qu'il la trouve insuffisante ou qu'il veuille se faire mieux comprendre, il recourt au dessin comme à un procédé plus simple, plus net, plus communicatif. C'est pour lui une langue universelle, bien supérieure à toutes les langues particulières. En tout cas, c'est son vrai langage, et il y excelle.

Il n'y a pas à s'étonner que dans la prodigieuse quantité des dessins de Léonard qui nous ont été conservés, un grand nombre aient trait directement à son art ou à ceux qu'il a également pratiqués, comme l'architecture et la sculpture. Mais c'est aussi par des dessins qu'il essaye de traduire les données ou les résultats des diverses études qui se sont disputé son attention : celles de la géologie, de la météorologie, de la botanique, de la mécanique, celles qui se rapportent à la science de l'ingénieur ou à l'art militaire. Il faut que les observations auxquelles il se livre, aussi bien que les vérités ou les applications qu'il en veut dégager, prennent une forme pittoresque, et que la science et l'art s'y prêtent un mutuel secours. Aussi à côté de pures géométriques, de problèmes d'optique ou de perspective, sur les marges de ses manuscrits se pressent des croquis de toute sorte : construction de digues ou de ponts, des pliures ou des estacades, des forteresses, des catapultes, des armes d'attaque ou de défense, des écluses, des formes de nuages, des eaux qui s'écoulent, des arbres avec la structure de leurs troncs, de leurs racines ou de leurs branches, avec la disposition variée de leurs feuilles, etc. Les cartes de géographie qu'il dresse lui-même, celle de la Toscane par exemple, sont des représentations de la terre à la fois scientifiques et vivantes, avec la vue panoramique des diverses vallées, des cours d'eau qui les forment, des montagnes d'où ils descendent, de la mer à laquelle ils aboutissent. En consultant de pareilles cartes, les savants y constatent la logique des lois naturelles et les artistes y découvrent la beauté pittoresque d'une contrée.

En dehors de ces dessins qui offrent ainsi un double intérêt, Léonard se propose des exercices ingénieux, comme ces entrelacs d'une complication extrême dans lesquels, avec une dextérité sans égale, il multiplie les entre-croisements et les nœuds. Il sait se retrouver au milieu de ce dédale et tirer de ces arabesques les motifs d'une ornementation originale, faisant paraître simples et faciles des tracés où s'épuiserait la patience des autres.

Dessiner est pour lui un plaisir et un besoin de tous les instants. A côté de comptes de ménage ou de calculs longs et ardus, le souvenir d'un beau visage ou d'une élégante attitude ; lui revient tout à coup à l'esprit et il ne peut s'empêcher de les noter en quelques traits. Ou bien c'est un chat qui est entré dans sa chambre et qu'il s'amuse à dessiner pendant qu'il joue avec ses petits ou qu'il fait sa toilette, avec toute la souplesse et la vérité de ses attitudes familières. Ici ce sont des caricatures et plus loin des allégories subtiles dont souvent l'explication nous échappe. Chaque année aussi, quand vient le printemps, il guette ses premiers sourires et rapporte de ses promenades dans la campagne les fleurs qu'il a cueillies, une touffe de violettes, des ancolies, des ellébores, des anémones, une rose d'églantier ou une branche de ronces qu'il place devant lui et que, plein de respect, d'une plume légère et attentive, il nous montre avec les inflexions gracieuses de leur feuillage et la délicatesse du tissu de leurs corolles.

La technique de ces dessins de Léonard n'est pas moins variée que les sujets qu'ils représentent. Tous les procédés, tous les matériaux lui sont bons : la mine d'argent, le crayon noir, la sanguine, la plume ou le pinceau, le papier blanc de ses manuscrits ou les feuilles légèrement teintées de ses albums sur lesquelles, par des rehauts de blanc, il exprime les lumières, ou bien à l'aide de quelques touches de lavis à l'encre de Chine il indique les valeurs. Avec ces ressources restreintes il obtient, quand il le veut, des prodiges de finesse, d'une exécution poussée à fond, mais toujours large, ou d'autres fois des croquis enlevés avec une sûreté étonnante, mais d'une correction impeccable et d'un charme exquis. Dans ceux de ces dessins qui sont faits au crayon noir ou à la mine d'argent, M. Galichon et après lui M. Morelli avaient cru reconnaître que les ombres étaient obtenues par des hachures parallèles, tracées uniformément en descendant et de gauche à droite. De cette façon de procéder, provenant suivant eux de ce que Léonard était gaucher, les deux critiques avaient même prétendu déduire un moyen de vérification pour l'authenticité de ses dessins. Mais si dans ses croquis sommaires et rapides on peut, en effet, constater assez souvent celle manière d'opérer, elle n'offre cependant pas, hâtons-nous de le dire, le caractère de généralité qu'on lui avait attribué. En tout cas, pour les études faites avec soin, en face de la nature, la direction des hachures et le travail plus ou moins serré, plus ou moins apparent dans les ombres, présentent, au contraire, une diversité extrême, en rapport avec les exigences du modelé des différents objets que le maître veut reproduire.

Ses procédés, toujours simples d'ailleurs, varient suivant ce qu'il se propose de faire. Le sens de la forme est par lui si nettement, si intelligemment déterminé, que même dans des dessins qui visent un but purement scientifique ou industriel, c'est un plaisir très vif pour un artiste de voir à quel point il est exact et précis, avec quelle aisance et quelle fidélité il arrive à montrer, à expliquer les rouages et les engrenages des machines les plus ingénieuses, le fonctionnement d'une poulie, d'une vis, d'un cabestan, l'entrelacement de fascines destinées à briser la violence des flots, les échafaudages superposés d'une construction, les nœuds de cordages qui relient fortement, entre eux des pieux assemblés en vue d'une résistance énergique, etc. Dans ces dessins, jamais une hésitation, ni une erreur. Chaque objet est rendu avec une clarté et une évidence qui donnent aussitôt raison de sa fonction. Partout on sent un esprit aussi pénétrant que vigoureux. Entre l'art et la science de Léonard il y a comme un échange continuel et un profit constant. Aussi, avec sa curiosité toujours en éveil, a-t-il produit un nombre prodigieux de dessins. Durant toute sa vie, dans les intervalles assez longs où il ne peignait pas, absorbé qu'il était par ses travaux de statuaire ou d'ingénieur, il ne cessa jamais de dessiner, et quand, fixé, pendant sa vieillesse, à Amboise, la paralysie commençait à le gagner, il continua, tant qu'il put, de le faire. C'est son existence tout entière qu'on repasse, c'est son intelligence si ouverte et son immense savoir qui se manifestent à nous quand nous feuilletons ses dessins. Le total en est vraiment fait pour confondre, et si aux chefs-d'œuvre que possèdent les riches dépôts du Louvre, du British Museum, de Windsor, du musée des Uffizzi, de la Bibliothèque du roi à Turin, de l'Académie des Beaux-Arts à Venise, et la collection de M. Léon Bonnat, nous ajoutions les croquis innombrables contenus dans ceux des manuscrits de Léonard qui nous ont été conservés et qui ne forment pas moins de 5 000 pages, nous arriverions à un chiffre formidable. Il y a donc lieu de remercier les auteurs des récentes publications de ces manuscrits pour les jouissances et les enseignements qu'ils nous ont procurés. En mettant ainsi à notre disposition les fac-similés de ces merveilles, ils nous font pénétrer dans l'intimité de l'un des plus merveilleux génies qui aient honoré l'humanité.

Section II

Parmi les dessins du maître, les plus intéressants pour nous sont ceux qui ont été faits en vue de son instruction ou pour la préparation d'une de ses œuvres. Avec la haute idée qu'il avait de son art, Léonard voulait que le peintre fût capable de tout exprimer. « Il doit, disait-il, chercher à être universel ; car c'est manquer de dignité que de faire une chose bien et une autre mal ; » et ailleurs, revenant sur ce point, il insiste sur la nécessité de ne pas se borner à une seule spécialité, « comme une tête, des draperies, ou des animaux, ou des paysages, ou des objets particuliers semblables, car il n'est pas d'esprit qui, en s'étant tourné vers une chose seule et l'ayant toujours mise en œuvre, n'arrive à la bien faire. » Il pense, du reste, que la nature est la vraie, la seule maîtresse, celle à laquelle il faut toujours revenir. Il l'aime avec passion et admire de toutes ses forces l'esprit qui l'anime, car « bien que le génie humain fasse des inventions qui, par des moyens intelligemment combinés, aboutissent à une fin, jamais il ne trouvera d'inventions plus belles, plus faciles, plus concises que la nature ; car dans les inventions de celle-ci rien ne manque et il n'y a jamais rien de trop [1]. » Traçant le programme d'une éducation vraiment artistique, il exige, au début, une étude rigoureuse de toutes les parties techniques, comme l'anatomie, la perspective et les proportions, et fait aussi une part à l'étude des maîtres afin de profiter de leur expérience ; mais il recommande instamment de conserver vis-à-vis d'eux son indépendance et de ne pas abdiquer sa personnalité, car « en imitant la manière d'un autre on n'est plus que le petit-fils et non le fils de la nature. » Il faut « que le peintre dispute et rivalise avec la nature elle-même. »

Cependant au milieu de cette infinité de choses qu'il doit pouvoir représenter, comment l'artiste se retrouvera-t-il ? Quelle marche suivre pour son instruction ? Sous peine de s'égarer en allant à l'aventure, il est nécessaire qu'il mette tout l'ordre qu'il pourra dans la suite des études qu'embrasse son art. Certes cet art dépasse la stricte imitation des objets ; mais il faut avant tout que le peintre acquière cette part d'imitation qui en est la condition indispensable. Plus il s'en sera rendu maître et plus il disposera de ressources pour exprimer sa pensée. Un esprit élevé et pénétrant apporte d'ailleurs dans cette étude primordiale des exigences graduellement croissantes qui développent sa propre originalité. Léonard s'applique à étayer de son mieux cette préparation initiale, par tout ce qui peut la guider et lui donner une base assurée. « Ceux qui s'éprennent de pratique sans science, dit-il, sont comme des pilotes qui entreraient dans un navire sans gouvernail ou sans boussole, et qui ne sauraient jamais certainement où ils vont. »

Entre toutes les études qui s'offrent au peintre comme au sculpteur, celle du corps humain est l'étude par excellence, celle qui, avec la disposition où nous sommes de rapporter tout à nous-mêmes, est la plus faite pour nous intéresser. C'est elle, d'ailleurs, qui pour l'artiste contient le plus d'enseignements, car bien connaître le corps de l'homme donne la clé de la structure de beaucoup d'autres êtres pour lesquels notre corps peut en quelque manière être considéré comme un type d'où ils dérivent. L'anatomie et la science des proportions qui lui est connexe donnent raison des formes normales de ce corps et du fonctionnement des muscles qui déterminent ses mouvements. Mieux qu'aucun autre artiste, Léonard a cherché à dégager nettement de cette étude le caractère à la fois scientifique et esthétique, et, mieux qu'aucun autre aussi, — les nombreux dessins qui constatent ses recherches à cet égard en font foi, — il a essayé de trouver dans le corps humain celle de ses parties qui, étant exactement contenue dans les autres, pourrait servir à toutes de mesure commune. Cependant, si positives et si utiles que soient des notions de ce genre, elles ne constituent guère que des moyens de contrôle ou de vérification pour le peintre comme pour le sculpteur. Mais tandis que le dernier se propose de reproduire les formes telles qu'elles sont, le peintre n'a à nous les montrer que dans leur apparence, avec les déformations que causent dans leur aspect le plus ou moins d'éloignement, le plus ou moins d'obliquité de l'angle sous lequel nous les voyous. De là l'obligation d'être à la fois initié à la perspective linéaire, qui, ainsi que son nom l'indique, vise plus particulièrement la représentation des contours des objets, et à la perspective aérienne, qui a trait à l'effacement graduel et aux modifications des couleurs que produisent l'éloignement ou le déplacement de la lumière qui éclaire ces objets. Toutes ces notions que Léonard s'est al taché à réduire en préceptes scientifiques sont indispensables au peintre. Mais elles ne constitueraient pour lui qu'une préparation élémentaire, si elles n'étaient fécondées par une étude directe de la nature et par l'expression plus ou moins personnelle que, suivant son tempérament, chaque artiste arrive à dégager de la réalité pour en reproduire les traits qui lui paraissent les plus significatifs. La peinture chez les maîtres est avant tout la manifestation de la vie dans ses acceptions variées. Qu'il s'agisse d'exprimer la beauté ou le caractère d'une figure, d'en exalter la force ou la grâce, Léonard s'est montré véritablement créateur. C'est donc là ce qui, dans ses dessins, mérite surtout de fixer notre attention. A ce titre, chacun d'eux a sa valeur propre ; mais leur réunion nous révèle en outre, au point de vue des enseignements qu'il en pouvait tirer, une intention suivie et comme une doctrine qu'il convient de signaler. Ses études, en effet, ne sont pas isolées : elles se tiennent et dérivent d'un plan rationnel ; elles comprennent dans leur ensemble les éléments d'une méthode scientifique. Non seulement elles tendent à exercer l'œil de l'artiste à bien voir et sa main à reproduire exactement les formes exposées à ses regards, mais elles ont aussi pour objet de lui apprendre à comparer ces formes, à estimer ce qui en elles est expressif, à les suivre dans toutes les modifications qu'elles peuvent subir, à développer par conséquent les facultés d'observation et de mémoire pittoresques sans lesquelles il n'est pas d'artiste complet.

Voici, au musée du Louvre, quatre têtes dessinées avec soin, sous la même lumière, d'après un même enfant : l'une est en profil tout à fait perdu, avec un soupçon de nez dépassant à peine les joues rebondies ; dans une autre, les nez apparaît et un bout de la lèvre supérieure ; la troisième est entièrement de profil et la quatrième vue de trois quarts. Dans toutes ces positions, la ressemblance de l'enfant, — avec la rondeur et la souplesse un peu molle de ses chairs, avec son front bombé et ses cheveux capricieusement bouclés, — a toujours été respectée. Mais les divers aspects que peut prendre son visage dans ces déplacements successifs sont aussi notés avec une scrupuleuse exactitude. D'autres dessins du maître représentent des figures entières d'enfants jouant ou se caressant entre eux et montrant dans leurs attitudes familières l'équilibre encore hasardeux de leurs mouvements, l'ingénuité et la gaucherie naïve des gestes propres à leur âge. Ce qu'il a fait pour l'enfant, Léonard le fait pour l'adolescent, pour la jeune fille, pour la jeune femme, et l'on sait la grâce délicieuse de ses types préférés, leur large front, leurs grands cils, le doux regard de leurs beaux yeux à demi clos, la parure de leurs chevelures abondantes et soyeuses, relevées en tresses épaisses sur le haut de la tête ou encadrant, de caressantes ondulations, l'ovale de leur visage. Puis ce sont des vieillards aux traits accentués, tantôt placides (musée du Louvre), tantôt (British Museum) de physionomie un peu rude et sévère, avec leurs sourcils proéminents, la moue de leurs lèvres et les plis que les années et les épreuves de la vie ont creusés sur leur fronts.

Parcourant ainsi la suite des âges dans des types nettement caractérisés, l'artiste signale avec une conscience extrême les différences que ces types présentent entre eux et aussi celles que chacun d'eux peut offrir suivant les positions qu'il a fait successivement prendre à ses modèles. Ou bien, sur une même feuille, il cherche par quelles modifications insensibles une tête aux traits nobles et réguliers peut se transformer en une caricature grotesque, ou enfin, suivant une marche inverse, comment, de la laideur la plus difforme, il peut remonter à la beauté accomplie. Comme preuve de la précision qu'il veut qu'on apporte à de pareilles études, notons dans ses manuscrits cette remarque sur la diversité extrême que le peintre doit manifester dans les types de ses figures : « Un homme pouvant être proportionné en étant gros et court, ou court et mince, ou entre les deux, quiconque ne tient pas compte de cette diversité infinie s'expose à faire toujours ses figures pareilles et monotones ; ce qui mérite le plus grand blâme. »

Les divers mouvements du corps humain sont pareillement décomposés par le maître en suivant leur progression naturelle. Ici c'est une figure d'abord couchée, puis se levant, puis tout à fait debout ; là une autre vue d'en bas, puis de niveau et ensuite d'en haut. Ou bien encore un homme est vu de dos, les bras étendus, et, à côté, le même homme est représenté de face dans la même position. La correction dans toutes ces attitudes est parfaite, et la succession d'un même mouvement est poursuivie dans chacune de ses phases en marquant nettement l'effort initial, puis l'action elle-même, et enfin le terme auquel elle aboutit. Voici un homme qui s'apprête à frapper avec une lourde masse : il la soulève, la brandit et l'abat avec violence. Un autre est d'abord dessiné au repos, puis en marche, et enfin courant. Sur une même feuille sont groupés tous les travaux des champs : des paysans qui piochent, bêchent, sèment, plantent ou fauchent ; en un moment, l'esprit de Léonard a ainsi embrassé et sa main a docilement retracé les diverses occupations de la vie rurale. Ou bien l'acte qu'il représente est aussitôt accompagné de l'acte contraire : un homme monte un escalier qu'un autre descend ; celui-ci prend un fardeau, un autre le rejette. Ces suites de mouvements prochains ou opposés sont rendues d'un trait élégant et précis, en tenant toujours un compte rigoureux des conditions d'équilibre. Peu à peu les dessins que le maître a faits posément, et avec grand soin, d'après les corps au repos, l'ont assez familiarisé avec leurs formes pour qu'il puisse noter rapidement par la suite les actions les plus vives. Les facultés d'observation qu'il a ainsi développées en lui sont d'ailleurs toujours soutenues par des procédés de vérification pratiques qui en assurent la « justesse : « Quand tu veux représenter un homme nu au naturel, dit-il, tiens en main un fil à plomb pour bien voir les rencontres des choses. »

Mais en exigeant de l'artiste tout le savoir possible, Léonard ne veut pas que la science acquise dégénère jamais en vaine pratique, ni qu'on en fasse parade. Il n'aime pas « les muscles trop appareils, aux contours trop accusés. Des lumières douces qui passent insensiblement à des ombres agréables donnent la grâce et la beauté. » L'excellence de la peinture se manifeste surtout, suivant lui, par la science du clair-obscur et des raccourcis. Mais, dans ces raccourcis eux-mêmes, il ne faut jamais étaler sa virtuosité et il cherche à prémunir contre ce danger : « Peintre anatomiste, veille bien que ton excessive connaissance des os, des tendons et des muscles ne fasse de toi un pédant, à force de faire montre de ton savoir sur ce point. »

La photographie instantanée est venue confirmer la justesse absolue des mouvements, même les plus rapides, représentés par Léonard. Mais dans la succession ininterrompue de tous les mouvements liés à une action quelconque, et qui, reproduits en un grand nombre de clichés, procurent au spectateur, dans le cinématographe, l'illusion même de la vie, les moments choisis par le Vinci sont tous expressifs. Chacun d'eux se suffit à lui-même, sans avoir besoin, pour être intelligible, d'être expliqué par le mouvement antérieur ou par le mouvement qui le suit, car ainsi qu'il le dit : « La peinture étant un poème muet, il faut, pour qu'elle se fasse bien comprendre, que la mimique des figures soit aussi claire que possible. » En conséquence, rien n'est indifférent de ce qui peut servir à préciser la pensée de l'artiste et tout ce qui est de nature à y contribuer mérite son attention. Aussi Léonard a-t-il le plus grand souci de mettre en œuvre tous les moyens qui sont à sa disposition. Après le visage, un des secours les plus puissants qu'il trouve à cet égard lui est fourni par les mains et dans toutes ses œuvres il a su en tirer le parti le plus éloquent. Il n'est satisfait que lorsqu'il arrive à leur donner toute la signification qu'elles doivent avoir. Qu'il s'agisse pour elles de prendre, de tirer, de frapper, de marquer la terreur, l'admiration, l'étonnement, le mépris, la prière ou la haine, elles font toujours excellemment, chez Léonard, ce qu'elles ont à faire, et, sur ce point encore, elles réalisent en perfection cette idée qui lui est chère : « que les extrémités du toutes choses donnent à ces choses grâce ou manque de grâce. »

Il a compris aussi, mieux qu'on n'avait fait jusqu'alors, l'importance qu'il convient de donner aux draperies, à quel point elles peuvent compromettre ou fausser l'indication d'un mouvement, détruire la beauté d'une attitude. Avant lui, les Primitifs avaient bien pu s'accommoder du dessin un peu sommaire des lourdes étoiles dans lesquelles ils enveloppaient les figures. Préoccupés avec raison de mettre dans les vêtements des personnages plus de variété et de richesse, leurs successeurs, en dépit des progrès qu'ils avaient réalisés en ce sens, ne manifestaient encore que l'incohérence de leurs tentatives dans les arrangements un peu arbitraires des plis de leurs draperies. Tantôt molles et chiffonnées à l'excès chez quelques-uns des précurseurs, elles sont, au contraire, chez d'autres, anguleuses, rigides et cassantes. Il appartenait à Léonard de leur donner une souplesse et une grâce qui n'ont jamais été dépassées. Lui-même a résumé en quelques mots ses idées à cet égard : « On doit éviter dans une draperie la confusion de plis trop multipliés et n'en faire que là où elle est retenue avec les mains ou avec les bras. Il faut laisser le reste tomber simplement où l'attire la nature et veiller à ce que le nu ne soit pas traversé par trop de linéaments ou de brisures de plis. » Bien mieux encore que ce précepte, pourtant si judicieux, les dessins de Léonard (musée du Louvre, bibliothèque de Windsor et collection de M. Defer-Dumesnil) nous montrent comment il faut traiter les draperies, l'intelligence avec laquelle l'artiste commence par les disposer, la prodigieuse habileté dont témoigne son exécution, mélange de finesse et de largeur. La justesse absolue du modelé, la transparence des ombres les plus fortes et les passages délicats de ces ombres à la lumière attestent l'importance que le maître attachait aux moindres détails pour arriver à donner à ses œuvres toute la perfection possible. Fort de pareilles études, il attribuait aux draperies le vrai rôle qu'elles doivent remplir, celui de faire valoir les formes qu'elles voilent et d'ajouter aux figures agissantes leur propre animation et la vivacité charmante de leurs souples ondulations flottant autour d'elles.

Entre tous les animaux, le cheval est un de ceux que Léonard a le plus étudiés. Bon cavalier, il l'avait beaucoup pratiqué lui-même, et dans les représentations qu'il en a faites, il a su choisir les allures qui mettaient le mieux en lumière la beauté des proportions, la force ou l'élégance de l'animal, et décomposer les mouvements de ces allures. Curieux d'ailleurs de toutes les manifestations de la vie, le maître ne manquait jamais, quand les occasions s'en offraient à lui, de dessiner les bêtes exotiques que, dans ce temps, les princes des cours italiennes, à Florence, à Mantoue, à Ferrare et à Milan, tenaient à honneur de réunir dans leurs ménageries. Mais les oiseaux surtout ont été pour Léonard l'objet d'études particulières. Il les aimait, et ses biographies racontent que c'était pour lui un très grand plaisir d'acheter des oiseaux captifs pour leur donner la liberté. Si touchant que soit ce trait, bien conforme d'ailleurs à la nature affectueuse du maître, peut-être quelque désir d'en tirer profit pour son instruction personnelle se mêlait-il à cet acte de générosité. La question du vol des oiseaux a été, en effet, une véritable obsession pour Léonard. A bien des reprises et durant toute sa vie, il y est revenu, remplissant de ses calculs et de ses observations de nombreuses pages de ses manuscrits, couvrant leurs marges de ses dessins. Il n'est guère de problème qui l'ait autant occupé que celui de la locomotion aérienne, et il s'y est appliqué de tout l'effort de sa science et de son art. Ce n'était pas seulement au point de vue spéculatif qu'il l'envisageait. La mécanique lui était chère et il y a laissé sa trace. Il considérait, en effet, « la science instrumentale ou bien machinale comme très noble et par-dessus toutes les autres très utile, attendu que par son moyen tous les corps animés qui ont mouvement font toutes leurs opérations. » Persuadé que la nature observée de près et bien comprise doit livrer à l'homme le secret d'une foule d'inventions dont elle lui propose l'exemple, il avait à cœur d'en faire profiter ses semblables. Mais la possibilité de s'élever et de se conduire dans les airs présente plus qu'aucun autre problème des difficultés qui l'avaient piqué au vif, et il ne se lassait pas de tourner et de retourner la question sous toutes ses faces. Pour la résoudre, il avait d'abord cru trouver quelque secours dans l'étude des corps plongés dans l'eau, et particulièrement dans celle de la natation ; mais bien vite il avait reconnu que le point d'appui fourni par l'eau à l'homme lui fait défaut dans l'air, et qu'il y avait à tirer du vol de l'oiseau des enseignements plus directs. Aussi avait-il cherché à en observer minutieusement toutes les conditions. Suivant son habitude, il s'appliquait à décomposer avec le plus grand soin les diverses phases de ce vol, selon que l'animal s'élève dans l'air, qu'il plane ou qu'il descend. La rapidité ou la lenteur de ces opérations, les facilités ou les obstacles que leur apporte le vent, l'acte fait isolément ou en troupe, il notait avec une précision et une pénétration singulières les moindres circonstances, et les ingénieuses recherches poursuivies de notre temps par M. Marey n'ont fait que justifier la complète exactitude des dessins exécutés à ce propos par Léonard [2]. Tour à tour la structure interne de l'oiseau, le mode de sa respiration, le mécanisme de ses ailes, la force et la vitesse de leurs battements, la forme, la disposition et la nature de ses plumes, le rôle spécial assigné à chacune d'elles, selon le plus ou moins de prise qu'elles ont sur l'air, en un mot tous les éléments de la question ont été successivement examinés, rapprochés les uns des autres avec une telle sagacité qu'il est permis de se demander lequel l'emporte ici de l'artiste ou du savant, ou plutôt qu'on demeure confondu des ressources d'étude que tant de supériorités réunies en un seul homme mettaient à son service.

Cette disposition à décomposer par la pensée et à reproduire par le dessin toutes les phases d'un mouvement ou tous les aspects d'une figure est caractéristique chez Léonard. Elle procède d'une tournure d'esprit qu'il manifeste non seulement dans son art, mais dont on trouve également la trace dans les directions si diverses où s'est exercée son incessante activité. Quelque problème qu'il aborde, c'est comme un besoin pour lui d'en envisager toutes les conditions possibles, d'embrasser à la fois toutes les analogies et tous les contrastes qu'il peut offrir. S'occupe-t-il d'art militaire, en même temps qu'il s'applique à classer et à inventer lui-même les armes offensives les plus meurtrières : poignards, épées, arbalètes, bombardes, projectiles de toute sorte, chariots armés de faux, etc., il conçoit aussitôt les moyens de défense les plus efficaces : remparts, chemins couverts, tours, abris, boucliers, etc.

De même, si, en observateur attentif des grands spectacles de la nature, il a pu souvent constater les ruines que causent à l'homme les éléments déchaînés : l'orage, l'inondation, la tempête et les assauts de la mer en furie, il s'applique de tous ses efforts à contenir ces éléments de destruction, à les maîtriser et même à les faire servir à la prospérité des contrées qu'ils désolaient en construisant des digues, des canaux d'irrigation, des écluses et des réservoirs. Même dans ces longues listes de mots qu'il écrit à la suite les uns des autres, on saisit, dans le groupement qu'il en fait, une vague idée de classement, soit par rapport à leur étymologie, soit à raison des analogies et des contrastes qu'ils peuvent offrir. Ou bien dans ces maximes paradoxales dont il s'amuse, nous le voyons pousser les choses à l'extrême, ainsi que d'ailleurs il faisait dans ces dessins où partant des traits d'un beau visage, il aboutissait à le rendre caricatural par des déformations successives. C'est ainsi qu'il nous montre les plus rares qualités trouvant leur terme extrême dans de véritables défauts ou inversement : « La peur sert au prolongement de la vie... La perfection de la sagesse devient occasion de sottise... Le comble du bonheur est la principale cause du malheur... La gourmandise profite au maintien de l'existence... Le soin de la conservation de l'espèce confine à la, luxure, etc. [3]. » Ou bien encore, sous la forme de ces courts apologues, fort en vogue à cette époque, il compose une suite de petits tableaux dans lesquels certains animaux figurent comme des symboles ou des exemples de moralité offerts à l'homme : le corbeau, le coq, l'abeille, la huppe, le crapaud, le crocodile, etc. Le dernier de ces apologues, celui du crocodile, est même assez curieux et nous prouve l'ancienneté du dicton sur les larmes de cet animal. « Le crocodile, dit Léonard, prend l'homme et le tue aussitôt ; après qu'il est mort, il le pleure avec une voix lamentable et beaucoup de larmes. Ses lamentations finies, il le dévore cruellement. Ainsi fait l'hypocrite, qui pour chaque chose légère, s'emplit le visage de larmes ; et, se montrant ainsi avec un cœur de tigre, il se réjouit en lui-même du mal d'autrui avec un visage en pleurs. »

On le voit, cette tendance à pousser tout à l'extrême, à voir à la fois la face et l'envers des choses, à les opposer ou à les grouper entre elles d'après leurs affinités ou leurs contrastes, se retrouve dans l'art comme dans l'esprit de Léonard, dans les distractions qu'il s'accorde aussi bien que dans ce qui fait l'objet de ses plus sérieuses préoccupations. Jaloux d'embrasser dans ses recherches l'universalité des connaissances, ce maître prodigieux passe incessamment d'une étude à l'autre. Bien loin, par exemple, de montrer pour celle du paysage le dédain qu'affichait Michel-Ange, il se sentait attiré vers elle par l'amour que lui inspirait à la fois la nature et son art. Il a toujours été curieux des problèmes de la lumière et des ressources pittoresques si variées que le clair-obscur peut offrir au peintre afin d'ajouter à l'intérêt de ses compositions. « Regarde la lumière et considère sa beauté, » dit-il à l'artiste, et il voudrait qu'au lieu d'offrir un jour constamment égal, son atelier fût disposé pour qu'on pût à volonté y modifier les conditions d'éclairage des modèles. Il ne se lasse pas, pour son compte, d'observer dans la campagne les divers effets de soleil, notamment sur les montagnes, avec l'atténuation graduelle de leurs teintes et le bleu plus ou moins accusé dont elles se colorent suivant leur éloignement et la qualité de l'atmosphère. Il veut qu'on détermine avec une attention scrupuleuse toutes les valeurs des plans d'un paysage, en spécifiant d'abord la plus claire et la plus sombre, puis, entre ces termes extrêmes, tous les degrés intermédiaires. Le peintre doit prendre l'habitude de noter rapidement ces valeurs, surtout pour les effets fugitifs, et l'excellence de cette pratique a été consacrée jusqu'à nos jours, particulièrement par Delacroix, qui y recourait, sans cesse et en avait fait une véritable doctrine. Suivant la judicieuse remarque de Léonard, « les ombres des arbres ne doivent jamais être noires, car où l'air pénètre, il ne saurait y avoir d'obscurité absolue. » Il indique les positions dans lesquelles, suivant l'angle où on les voit par rapport à la lumière, les feuilles montrent leur couleur, leur transparence ou leur luisant provenant des reflets du ciel. Il croit qu'il convient de ne pas trop multiplier les feuilles vues en transparence, « sous peine de produire la confusion dans les formes. » comme résultat de son expérience, il a remarqué que « la vraie manière de pratique pour figurer les campagnes avec leur végétation, est de choisir le moment où le soleil étant un peu voilé par des nuages, ces campagnes en reçoivent la lumière diffuse, universelle et non particulière, » c'est-à-dire celle qui dénature le moins les formes, les valeurs et les colorations et qui, à ce titre, lui paraît la plus normale. Mais il n'entend pas qu'on se limite à ce mode d'éclairage, qui finirait par aboutir à la monotonie, et il admire trop la variété intime des aspects de la nature pour qu'on s'interdise d'autres effets qui peuvent aussi avoir leur charme.

Léonard trouve de la beauté à toutes les plantes, même aux plus humbles, et il se plaît à constater que « parmi les arbres de même espèce, il n'y est pas un qui, considéré avec attention, soit de tout point semblable à un autre ; et il n'en est pas seulement ainsi pour les arbres, mais même pour leurs branches, pour leurs feuilles et leurs fruits, et il n'est aucun d'eux qui soit identique à un autre. » Il les dessine aussi fidèlement qu'il peut et s'applique à rendre minutieusement la nature de leurs écorces, la forme de leurs troncs, l'insertion des branches dans les tiges principales, la disposition de ces feuilles sur les branches, avec leur configuration variée suivant les diverses essences. Eclairé par la précision de ces dessins, Léonard transporte le bénéfice des enseignements qu'ils lui ont fournis à des recherches d'ordre purement, scientifique qui ont marqué sa trace dans la botanique. Ses expériences sur les phénomènes de la végétation, sur la conformation des plantes et sur leur mode de nutrition, méritent encore ; aujourd'hui d'être appréciées par les savants. En même temps qu'il se perfectionne dans la figuration du paysage, ses études de terrains lui ouvrent des vues originales sur la géologie. D'autre part, ses dessins d'après les nuages et leurs mouvements dans le ciel lui fournissent de précieuses indications pour la météorologie, et quand, le crayon ou la plume à la main, il représente aussi le mouvement des eaux courantes, celui des flots de la mer se succédant au large où se brisant sur les côtes, comme d'instinct, il en déduit les lois de l'écoulement des liquides, ou bien il s'ingénie à discipliner, à emmagasiner ces eaux, et à tourner ainsi à l'avantage d'une contrée des forces qui jusque-là n'avaient servi qu'à la destruction.

A mesure qu'il acquiert ainsi une habileté plus grande à reproduire tous les aspects des choses, son esprit comprend mieux les rapports qui les unissent entre elles, et, passant alternativement de l'art à la science, il montre le profit qu'un génie tel que le sien peut tirer pour les autres et pour lui-même d'un échange aussi fécond. La perfection est, en tout, la fin qu'il se propose, et non seulement tel est le but qu'il vise dans chacune de ses études, mais il vent qu'entre ces études, il y ait un lien, une suite, que leur ensemble mette entre les mains de l'artiste toutes les ressources propres à l'affranchir des servitudes auxquelles le condamnerait son ignorance.

Section III

Avec la tournure philosophique de son esprit, Léonard aimait, nous l'avons vu, à disserter sur son art. Il est donc naturel qu'au moment où les questions d'enseignement commençaient à nous préoccuper en France, on ait cherché à tirer de ses écrits une méthode rationnelle de dessin. Son aide a été, en effet, invoquée par un philosophe éminent, mort depuis peu, F. Ravaisson, à l'appui d'une théorie dont il présentait Léonard comme l'inspirateur, en opposition aux idées préconisées par M. Eugène Guillaume dans une remarquable conférence sur l'*Enseignement élémentaire du dessin*, faite le 23 mai 1866 à l'Union centrale des Arts décoratifs [4]. Hésitant à se prononcer entre deux doctrines qui se recoin mandaient de personnalités aussi en vue, la direction du *Dictionnaire de Pédagogie de l'Instruction primaire* jugea convenable de publier à la suite l'un de l'autre, au mot *Dessin*, l'exposé de ces doctrines respectives faites par les deux auteurs [5]. On comprend l'embarras que durent éprouver les lecteurs de ce recueil, peu préparés à trancher un différend aussi délicat. Leur choix eût été difficile si le Conseil supérieur de l'Instruction publique, devant qui fut portée la question, ne l'avait, après un mur examen, résolue en faveur de la méthode prônée par M. E. Guillaume.

Les deux doctrines, d'ailleurs, ne sont point aussi opposées que primitivement on avait paru le croire. Sans entrer dans le fond même du débat, il nous semble que dans les conditions où il se produisait, et puisqu'il s'agissait d'enseignement élémentaire, la solution adoptée par le Conseil supérieur était la seule possible. Ne convient-il pas du remarquer tout d'abord qu'entre les préceptes extraits des écrits de Léonard, il y a lieu de distinguer ceux qui s'adressent à des artistes déjà faits et ceux qui visent surtout des débutants ? Plus que personne, — et nous croyons l'avoir assez montré ; par ce qui précède, — le maître s'est préoccupé de donner à la pratique de son art tout ce qu'elle comporte de certitude, à l'entourer de tous les secours que peuvent lui prêter l'expérience et la science. Un de ses soucis les plus constants a été de dégager des formes des objets réels que l'artiste se propose de représenter la géométrie cachée qu'elles contiennent, et de trouver en elle à la fois un soutien dans son travail et un moyen de contrôle qui permette d'en vérifier les résultats. Loin de croire qu'il risquait, en le faisant, de dessécher le sentiment et d'appauvrir l'imagination, il pensait que cette base solide donnée aux études de l'artiste et les exigences rigoureuses dont il contracte ainsi l'habitude avaient, au contraire, pour effet de le mettre en possession de toutes les ressources désirables pour exprimer plus fortement sa pensée. Mais l'enseignement élémentaire du dessin, le seul que comprenne l'instruction primaire, a des visées plus modestes et aussi mieux appropriées à la masse des écoliers qui sont appelés à le recevoir. Pas plus que l'enseignement de l'écriture et de l'orthographe n'a la prétention de former des littérateurs, l'enseignement élémentaire du dessin ne saurait concevoir l'ambition de faire des artistes. Sans décourager les vocations exceptionnelles qui peuvent se produire, il tend à des résultats plus immédiats et plus pratiques. Bien compris, il offre à tous une instruction dont les plus humbles comme les plus hautes aspirations peuvent tirer profit. Il ne sera jamais inutile, même à un artiste, d'avoir, au début de sa carrière, appris à tracer des lignes bien droites, à comparer entre elles leurs longueurs variées, à les diviser en parties égales, — et Léonard lui-même recommande à ses confrères de pareils exercices, — à apprécier les angles qu'elles forment entre elles et à s'élever graduellement à des études destinées à procurer la sûreté de la main et « le bon jugement de l'œil. » L'idéal évidemment n'a pas grand chose à voir à ces modestes exercices, ou plutôt, l'idéal qui doit être proposé aux débutants c'est la docilité qu'ils mettront à s'en acquitter de leur mieux.

Si nombreux, si intéressants que soient les préceptes que nous avons jusqu'ici empruntés aux manuscrits de Léonard, notamment à son *Traité de Peinture*, ou ceux qui nous ont paru dériver de l'étude de ses dessins, ils ne constituent cependant qu'une part assez restreinte des enseignements qu'on en peut tirer. Ils ont trait, en effet, à la culture générale que le maître juge nécessaire à tous les artistes. Quant à lui, il n'entendait pas s'y borner. Au lieu de vivre sur le fonds qu'il avait amassé, il tenait à le renouveler sans cesse. Avide de perfection comme il était, il estimait que jusqu'à la fin, il devait s'instruire, et il s'appliquait à rendre chacune de ses œuvres aussi accomplie que possible. A mesure qu'il sait plus, il cherche à faire mieux. Que le sujet qu'il avait à traiter lui fût imposé ou qu'il l'eût choisi, il s'efforce tout d'abord de bien se pénétrer de ses conditions, de s'en approprier toutes les ressources et de le vivre, pour ainsi dire, en s'absorbant en lui tout entier.

Dès ses débuts, naïvement et comme d'instinct, c'était déjà sa façon de procéder. L'anecdote bien comme de la rondache nous le montre s'entourant des bêtes les plus étranges et les plus affreuses : des grillons, des araignées, des reptiles et des chauves-souris, les observant et cherchant ainsi à stimuler son imagination, afin de combiner entre eux les divers éléments que lui fournit la réalité, de manière à créer un animal fantastique fait pour produire l'impression d'horreur et d'effroi qu'il veut inspirer. De même dans une autre œuvre de sa jeunesse, le carton de la *Tentation de l'Homme*, pour donner dans cet épisode quelque idée du Paradis terrestre, il se remplit les yeux et l'esprit des beautés d'une prairie en fleurs, et par la grâce des herbes et des floraisons, par la délicatesse avec laquelle il sait exprimer le lustre et les fines nervures des feuilles d'un figuier, il essaie de faire naître dans l'esprit du spectateur l'admiration qu'il ressent lui-même en présence d'une magnifique végétation.

Avec l'*Adoration des Mages*, Léonard abordait ensuite un des sujets alors le plus en vogue chez les peintres, car il leur fournissait l'occasion de déployer dans cet épisode pittoresque tout le luxe, tout l'apparat d'un cortège aux costumes éclatants. Pourquoi ne pas le reconnaître, l'artiste est tombé là dans un des travers contre lesquels il s'efforcera plus tard de prémunir ses confrères : celui de faire parade de leur science et de leur habileté. En nous montrant dans le lointain le tumulte d'une foule affairée, avec des chevaux qui s'échappent ou se cabrent, et surtout en disposant au centre même de son tableau l'escalier qui y occupe une si grande place et ne conduit à rien, — tout comme s'il s'agissait de résoudre ainsi un problème de perspective — il a rompu l'unité de son œuvre et détourné l'attention de l'épisode qui devait en faire le principal intérêt. En revanche, cet épisode lui-même, avec quel art et quel charme il l'a traité ! Autour du pauvre ménage et du petit Jésus qui vient de naître, toutes les formes de l'adoration sont réunies, et, mieux qu'on n'avait fait jusque-là, le maître a compris quel puissant commentaire peut prêter à la vive expression d'un sentiment le groupement de tous les sentiments similaires qui ajoutent à sa signification. La nombreuse série des dessins exécutés pour ce tableau nous montre, en effet, avec des attitudes et des physionomies variées de la façon la plus délicate, les diverses impressions de respect, d'étonnement, d'amour et de prière que, suivant la nature de chacun des assistants, la vue de l'Enfant divin produit sur eux. Cette répétition ingénieusement nuancée de sentiments qui se complètent et s'expliquent les uns les autres, agit avec force sur l'âme du spectateur, à la manière de ces arguments pareils, mais présentés sous des aspects divers, par lesquels l'orateur fait pénétrer sa pensée dans l'esprit de ceux qui l'écoutent.

De plus en plus Léonard marchera désormais dans cette voie, supprimant ce qui lui paraît inutile ou même indifférent, pour insister sur ce qui est essentiel. C'est surtout en exprimant les mouvements spontanés de l'âme, il l'a reconnu, qu'il peut entrer en communication avec le public et l'intéresser. Aussi ne néglige-t-il aucune occasion de saisir sur le vif la manifestation sincère de tous les sentiments. Pour être mieux assuré d'y parvenir, ce n'est pas chez les citadins, ni chez les raffinés, qu'il essaiera de les surprendre. L'usage du monde paralyse, prévient ou modifie chez eux toutes les franches expressions de la vie. Il fréquente donc de préférence les gens simples et sans culture, les hommes du peuple, les paysans, tous ceux chez lesquels elles éclatent sans contrainte. Il les met lui-même par les récits qu'il leur fait dans la disposition d'esprit qui lui fournira les indications dont il a besoin. Il épie sur leur physionomie le reflet des impressions qu'ils éprouvent et il note scrupuleusement par quelles modifications des traits du visage, par quels gestes et quelles attitudes se traduisent les sentiments qu'il a excités en eux. D'autres fois, il guette les condamnés à mort et les accompagne jusqu'au lieu où ils doivent subir leur peine, et, suivant le tempérament de chacun d'eux, il voit l'effet que produisent sur eux les apprêts de leur supplice, le sang-froid, la terreur ou l'accablement qu'ils éprouvent en face de la mort. Les muets lui offrent aussi de précieux enseignements, car, ainsi qu'il le dit, « ils parlent par les mains, par les sourcils et les yeux, par toute leur personne, dans l'effort qu'ils font pour initier les autres aux mouvements mêmes de leur âme. »

Là encore il procède scientifiquement, et de même qu'il a étudié séparément les positions successives du visage et du corps humains, il suit dans ses gradations diverses l'expression d'un même sentiment, — colère, admiration, frayeur, respect, joie ou tristesse, — depuis sa naissance jusqu'à son terme extrême, en marquant avec précision tous les états intermédiaires. Sans l'amoindrir, sans l'exagérer, il veut que cette expression soit juste, afin de l'approprier dans une mesure exacte à l'action à laquelle elle doit correspondre et qu'il se propose de représenter.

Ainsi muni, Léonard s'est mis en état de donner au travail de la composition toute l'importance qu'il doit avoir. Il y a là, en effet, au début de l'œuvre, un effort qui doit rester caché, mais d'où dépend sa destinée. C'est par la façon plus ou moins heureuse dont les éléments en sont disposés et les côtés saillants mis en lumière que cette œuvre agira tout d'abord sur le public. Peut-être, à tourner ainsi son idée et à la retourner en tous sens et sous tous ses aspects, le Vinci a-t-il parfois un peu trop insisté ; sur ce travail préparatoire de la composition et s'est-il attardé au charme, si grand pour lui, de la recherche, jusqu'à se fatiguer d'un ouvrage avant de l'entreprendre. Mais cet ouvrage, il le veut parfait, et pour cela, rien ne doit être livré au hasard. Il faut que l'artiste aime assez son sujet pour ne pas regarder à la peine et quand il l'aime, il n'y a pas à craindre qu'il s'en lasse. « L'amour, dit-il, est à proportion de la connaissance » Mais si la composition doit prévoir et installer, dans ses grandes lignes et son effet essentiel, l'ordonnance générale et les principales masses, si elle doit être claire et expressive, il faut par-dessus tout éviter qu'elle soif froide et banale. La science a pour objet de fortifier le sentiment, non de l'étouffer. « En esquissant ta composition, procède vivement et ne finis pas trop le dessin des membres : qu'il le suffise d'indiquer leur place ; tu pourras plus tard les finir à loisir et à Ion gré. »

La composition étant arrêtée dans son ensemble, il y a lieu d'en étudier séparément les détails, en subordonnant leur choix et leur exécution à l'unité de l'œuvre et à l'impression qu'elle doit produire. Pour Léonard, la nature est toujours la seule source où il puise pour ces études. Mais la nature est indifférente, et elle ouvre indistinctement à tous le trésor infini de ses richesses, laissant à chacun le soin d'y chercher et d'en exprimer les traits qui répondent le mieux à son dessein. Autant le maître est scrupuleux d'exactitude quand il ne s'agit pour lui que de la copier pour s'instruire, autant il recommande de conserver vis-à-vis d'elle une entière indépendance lorsqu'on la consulte en vue d'une œuvre projetée, les indications qu'elle fournit devant, avant tout, se plier aux convenances du sujet. Il y a là pour l'artiste des difficultés d'un ordre supérieur, car celui qui en face de son modèle « n'est capable que d'en faire le portrait le plus ressemblant est aussi le plus insuffisant, s'il s'agit de composer un tableau d'histoire, » où ce qu'il convient ; surtout de représenter dans une figure « ce sont les pensées de son âme. »

A aucun moment, au surplus, le peintre vraiment digne de ce nom ne peut se détacher de son œuvre, et son intelligence sans cesse en éveil doit rester tout entière appliquée à sa tâche. Mais si grande que soit la tension de son esprit, il ne faut pas qu'elle demeure visible. C'est, d'ailleurs, le propre de la jeunesse de croire que dans une composition on ne saurait trop multiplier les intentions et les détails. Après l'*Adoration des Mages*, Léonard, en abordant des sujets plus simples, tels que la *Vierge aux Rochers*, du Louvre, ou la *Madone Litta* de l'Ermitage, ne pensait pas qu'il dût pour cela ménager ses études. Afin de donner à ces sujets toute leur signification, il s'appliquait à chercher les types les plus purs et les expressions les plus pénétrantes. Tout ce qu'on peut mettre de grâce et de souplesse dans un corps d'enfant, de candeur, de tendresse et de dignité maternelle dans la beauté, d'une vierge, tout ce que l'accord des regards, des attitudes et des gestes ajoute de force à l'unité d'une composition, en reliant affectueusement entre elles ces nobles figures, le maître a su nous le montrer dans ces œuvres exquises.

On sait, du reste, qu'il travailla quatre ans à la *Joconde* pour en faire le prodige de perfection qui, en dépit des outrages de quatre siècles, a conservé intacte toute sa jeunesse. A travers les fluctuations du goût, chacune des générations écoulées a trouvé des raisons nouvelles d'admirer cette œuvre étrange et de lui prodiguer, sans les épuiser jamais, toutes les formes de l'éloge. Entrez-vous au Louvre, la séduisante créature est là qui vous guette au passage, et parmi tant de chefs-d'œuvre qui l'entourent, elle vous attire, vous arrête et vous garde. Elle vous poursuit quand vous l'avez quittée, et son image fascinatrice persiste dans votre mémoire. Vous croyez la bien connaître et toujours elle a quelque révélation nouvelle à vous faire. Les recherches opiniâtres des érudits, résumées et complétées par M. E. Müntz, vous ont appris tout ce qu'on peut savoir d'elle, et ce tout est peu de chose. Patricienne et mariée à un personnage ; considérable de Florence, Francesco del Giocondo, qui, déjà deux fois veuf, l'épousait en 1495, Monna Lisa n'a pas laissé grande trace dans l'histoire ; mais la gloire qu'elle a reçue de Léonard brille entre les plus hautes. Elégante et femme du meilleur monde, elle l'était sans doute, à en juger par son maintien et par son costume à la fois simple et riche, bien fait pour mettre en lumière toute sa beauté intelligente, son front, ses yeux, ses traits et sa physionomie nous le disent assez.

Ces indications tout extérieures, l'œuvre nous les fournit d'elle-même. Mais après tant d'autres qui se les sont posées, que de questions naissent dans votre esprit en présence du portrait de cette femme. C'est le goût de l'artiste autant que le sien propre qu'attestent ces draperies délicates et souples, la fine broderie des entrelacs dont sa robe est ornée, cette coiffure qui dégage et encadre si harmonieusement l'ovale aminci de son visage, tout ce luxe si savant et si naturel. Pour s'être ainsi accoutrée au gré du maître, pour avoir, elle et lui, donné quatre années de leur vie à cette œuvre commune, qu'étaient-ils l'un pour l'autre ? Et ce portrait caressé avec tant d'amour et que Léonard, après un si long travail, considérait encore comme inachevé, de quel droit l'avait-il gardé en sa possession, puisque c'est de lui-même que François Ier devait l'acquérir ? Pourquoi enfin, depuis qu'il l'eut peinte, l'enchanteresse a-t-elle à ce point obsédé son esprit qu'à son insu ou de parti pris, il a mêlé quelque chose d'elle à tous ses types de jeunes femmes ou d'éphèbes ? Ici nous côtoyons le roman, et sans insister, sans conclure, il convient de s'arrêter sur cette pente.

Mais faisant trêve aux hasardeuses suppositions, interrogez de plus près encore cette étrange personne à laquelle le paysage bizarre et perfide, invraisemblable et pourtant réel, dont elle est entourée prête un commentaire si menaçant. Impassible, posée en pleine lumière, vue presque de face, les mains, — ses admirables mains, — croisées, dans cette attitude tranquille, il semble qu'elle ne devrait avoir pour vous rien de caché ; et cependant, en elle, tout est mystère et contradiction. A voir ses formes si pleines et pourtant si fines, son âge même est incertain : sur les limites de la jeunesse elle a tout l'éclat de la maturité. Pourquoi aussi ce sourire attirant et cruel ? Pourquoi ce regard provocant et hautain, à la fois fixe et fuyant, qui se dérobe et vous poursuit ? Pourquoi cette physionomie glaciale et passionnée ? La belle est muette ; vous aurez beau la questionner, elle garde plus de secrets qu'elle ne fait d'aveux. Et pendant que vous êtes là devant elle, essayant en vain de la confesser, c'est elle à son tour qui vous retourne vos interrogations, qui vous force à rentrer en vous-même, en vous montrant le peu que vous savez de la vie, le peu que vous savez de l'art et de ses moyens d'expression. Les œuvres les plus hautes sont-elles donc celles qui conservent une plus large part de mystère et vous invitent à plonger dans l'insondable ? Et à côté de ces émouvants problèmes d'une âme humaine, combien d'autres, touchant à la technique même de la *Joconde*, restent obscurs ! Comment avec cette extrême précision de la facture, avec ce dessin si ferme et si arrêté et ce fini poussé à ses dernières limites, tant de poésie et de mystère peuvent-ils coexister ? Comment dans ce peu de matière tant d'esprit qui l'anime ? Comment, mené avec tant de soin et d'opiniâtreté, le travail a-t-il gardé tant de souplesse et de vie ? Comment, en dépit des injures du temps qui ont pâli son teint et décoloré ses lèvres, l'impénétrable visage montre-t-il encore ce modelé si merveilleux de franchise et de délicatesse et cette fleur d'exécution dont Vasari disait déjà « qu'elle était à faire trembler ? » Autant de questions qu'il est aussi naturel de se poser que difficile de résoudre. Ce n'est pas seulement, on le voit, la personnalité intime du modèle qui reste obscure, c'est la technique même du maître qui, portée à cette perfection, conserve ses secrets. En face de cette *Joconde* faite de main humaine, comme en face d'une œuvre divine, nous ne pouvons, après tant d'autres, que balbutier l'hommage de notre admiration, ajoutée à toutes les admirations qu'à travers les âges elle a déjà inspirées.

Dans *la Cène* de Sainte-Marie-des-Grâces, qu'il terminait en 1497, dans sa pleine maturité, le Vinci avait trouvé un sujet à la hauteur de son génie, par tout ce qu'il exige d'imagination et de style, aussi bien que par ce qu'il présente de difficultés de toute sorte. On sait, en effet, que le moment choisi par Léonard est celui où Jésus, entouré de ses disciples pour célébrer la Pâque, leur dit que l'un d'eux le trahira. Dans sa simplicité extrême, la donnée est émouvante ; mais qu'on pense à l'obligation qu'elle impose à l'artiste de ranger autour d'une table treize personnages et, par conséquent, de représenter au premier plan, ainsi d'ailleurs que l'ont fait plusieurs peintres, quelques-uns des convives tournant le dos au spectateur. Comment, dans ces conditions, ne pas fractionner l'unité de l'œuvre ? Comment éviter la monotonie du groupement des personnages et comment, en spécifiant l'individualité de chacun d'eux, les réunir dans une action commune qui laisse cependant à la figure du Christ l'importance capitale qu'elle doit avoir ?

Fidèle à ses habitudes méthodiques Léonard, après avoir arrêté l'ordonnance générale de son œuvre, s'était appliqué à lui donner toute la perfection dont il était capable. Il ne cessait pas d'y penser, de vivre avec son idée, d'amasser toutes les études qui lui paraissaient le mieux répondre aux convenances de son sujet. Un chroniqueur contemporain nous apprend que « souvent il l'avait vu monter le matin de bonne heure sur l'échafaudage où il travaillait à *la Cène*, s'y tenant du lever au coucher du soleil, oubliant de manger et de boire, pour peindre sans discontinuer. Ou bien, pendant trois ou quatre jours sans prendre ses pinceaux, il demeurait devant sa fresque une ou deux heures, se bornant à la contempler longuement, considérant ce qu'il avait fait, réfléchissant à ce qui restait à faire... D'autres fois enfin, donnant un ou deux coups à l'une de ses figures, puis s'en allant. » Ainsi qu'il le disait, blâmant chez autrui comme chez lui-même cette continuité absolue du travail, souvent compatible avec une certaine paresse intellectuelle : « Parfois, moins un artiste paraît travailler et plus il fait de besogne. »

Section IV

Comme la vie elle-même, les dons que nous recevons en naissant échappent complètement à notre pouvoir ; mais il nous appartient en quelque manière de les développer ou de les laisser se perdre. Il n'est pas d'artiste, croyons-nous, qui en ait été plus comblé que Léonard, et il n'en est pas non plus qui, mieux que lui, se soit appliqué à s'en rendre digne. L'hygiène physique et morale qui convient à l'artiste a été une de ses constantes préoccupations et ses idées à cet égard méritent toute notre attention. Eparses dans ses manuscrits, les notes où il a consigné sur ce sujet le résultat de son expérience ou les subites illuminations de son génie remontent à diverses époques de son existence ; mais loin d'offrir entre elles des contradictions, elles se confirment mutuellement. Il y a donc lieu de les réunir en cherchant le lien qui peut exister entre elles. En tout cas, elles présentent une suite de maximes ou de prescriptions qui, en nous faisant pénétrer plus profondément dans l'intimité du maître, nous aideront à le mieux connaître.

Obsédé par les difficultés d'exécution de *la Cène*, et buté contre son œuvre, Léonard avait fini par ne plus la juger et il dut demander à un ami les conseils dont il avait besoin pour savoir où il en était et ce qui lui restait à faire. Le trait est significatif et marque bien la modestie et la sincérité du grand artiste. Mais si, dans un tel embarras, il crut nécessaire de recourir aux lumières d'autrui pour s'éclairer, s'il estimait aussi qu'il est parfois utile pour un débutant d'être stimulé par le voisinage de condisciples plus habiles, d'une manière générale, il pensait, au contraire, que l'artiste dans la maturité de l'âge doit aimer la solitude. Ce n'est que par le travail solitaire que peu à peu il acquerra son originalité ; il est perdu s'il sacrifie au goût régnant et à la mode. Il faut donc vivre, réfléchir et converser avec soi-même. Sans cesse Léonard revient à cette idée : « Si tu es avec un autre, tu n'es plus que la moitié de toi-même ; seul, tu es tout entier toi-même ; » et il la traduit énergiquement sous la forme brève d'une définition tirée de l'étymologie même des mots : « Le sauvage est celui qui se sauve lui-même : *Salvatico è quel che si salva.* »

Quiconque s'est consacré à l'art doit se hâter de s'instruire, car « les connaissances acquises pendant la jeunesse ralentissent les dommages que cause la vieillesse. » Il faut aussi viser haut, « car c'est un triste disciple que celui qui ne surpasse pas son maître. » L'art doit être aimé par-dessus tout, puisque « toute chose mortelle passe, mais non une création de l'art. » Il est bon que la curiosité de l'artiste soit toujours en éveil ; que le jour et la nuit il pense à ce qu'il fait : « Il convient de repasser durant la nuit les choses qu'on a étudiées. J'ai encore éprouvé, ajoute Léonard, qu'il est fort utile lorsqu'on est au lit, dans le silence de la nuit, de rappeler les idées des choses qu'on a étudiées et dessinées, de retracer dans sa pensée les contours des figures qui exigent plus de réflexion et d'application ; par ce moyen, on rend les images des objets plus vives, on fortifie et on conserve plus longtemps l'impression qu'ils ont faite. »

Pour ce qui a trait au paysage, « les veillées de l'hiver seront employées par les jeunes gens à approfondir les études faites en été, » à les résumer, à choisir les meilleurs types pour bien les graver dans leur esprit et en dégager les enseignements qu'ils comportent. L'été suivant, forts de leur expérience, ils seront à même de diriger avec plus de suite des études dans lesquelles il convient « de mettre plus de dilection et de soin que de vitesse. » Il vaut mieux, en tout cas, ne pas travailler que de travaillera moitié et mollement, car « de même que manger sans envie est dommageable à la santé, ainsi l'étude sans désir gâte la mémoire, qui alors ne retient rien de ce qu'elle prend. » Que l'artiste évite toujours la virtuosité ; qu'il garde intacte et vigilante sa volonté, de peur de voir ses nerfs prendre le dessus et sa main devenir maîtresse au lieu d'obéir. « Il est bon de s'éloigner parfois de son œuvre, au cours de son travail, parce que celle-ci semblant alors plus petite, elle s'embrasse mieux d'un seul regard et que, par conséquent, on connaît mieux ainsi la discordance des proportions et des couleurs des choses. » L'usage d'un miroir plat est également recommandé, « afin d'y regarder souvent son ouvrage qui, étant vu ainsi en sens contraire, paraîtra, de la main d'un autre, et les erreurs y seront, alors plus manifestes. » Pour ne pas se fatiguer de cet ouvrage, il importe aussi de temps à autre « de prendre quelque distraction, car en revenant aux choses, on y a un meilleur jugement ; rester sans bouger sur l'œuvre fait qu'on se trompe fortement. » Mais si par un effort trop prolongé on s'est, rendu incapable de juger ce qu'on a fait, pour s'éclairer on demandera conseil à quelque ami, « et de préférence à celui qui se corrige bien soi-même. » Ses observations et ses critiques seront pesées avec soin pour apprécier leur justesse, en tenir compte, si elles sont fondées, et, si elles paraissent fausses, montrer son erreur à celui qui les a faites. Le contentement de soi-même est une marque et une cause d'infériorité. « Quand le jugement de l'artiste surpasse son œuvre, c'est un très bon signe, et si l'homme qui a une telle disposition est jeune, il deviendra sans doute un maître excellent. »

Tout ce qui peut développer l'esprit profite à l'artiste. Avide de s'instruire, Léonard lui-même lisait beaucoup, et sa bibliothèque, dont le marquis d'Adda nous a donné la composition [6], témoigne de l'universalité de cette intelligence désireuse d'établir entre toutes les branches du savoir bu main une solidarité dont son génie encyclopédique lui avait, de bonne heure donné l'intuition. Mais bien plus que les livres, la nature était pour lui la véritable source de tout savoir. C'est à elle que le peintre doit toujours recourir : « Celui qui prend pour guide les œuvres d'autrui ne fera jamais que des ouvrages médiocres ; mais s'il étudie la nature, il en tirera les meilleurs fruits. » La façon dont Léonard la regarde et l'interprète montre assez quel amour il avait pour elle et les jouissances qu'il goûtait dans sa contemplation. En même temps qu'il en reproduit exactement les formes, il en dégage la beauté, et ses dessins relèvent à la fois de la science par leur extrême justesse et de l'art le plus élevé par leur charme poétique.

Cet accord intime entre la clairvoyance de l'esprit et la richesse de l'imagination suppose chez Léonard un équilibre parfait. En faisant taire en lui toutes les basses inclinations qui pourraient le troubler, il arrive à cette sérénité morale qu'il souhaite à l'artiste parce que seule elle lui permettra de se donner tout entier à son travail. Sans elle, les mauvaises pensées qui viennent l'assaillir amoindrissent une énergie dont il doit maintenir l'intégrité. « On ne peut avoir de plus grande seigneurie que de soi-même, » disait Léonard, et, pour la posséder, il est nécessaire de bien conduire sa vie. Ce n'est pas que lui-même ait su, suivant l'opinion commune, conduire la sienne. Au point de vue de ses intérêts et de son bien-être, son existence, en effet, resta jusqu'au bout aventureuse et assez précaire. Manquant pour lui-même de sens pratique et de ce savoir-faire qui assure souvent aux hommes les plus médiocres les honneurs et la fortune, il consumait son temps en recherches, sans tirer profit d'aucune de ses nombreuses découvertes. Comme le disait de lui un des correspondais de la marquise Isabelle d'Esté, Fra Pietro da Nuvolaria, chargé par elle de presser l'achèvement d'œuvres qu'elle avait commandées à l'artiste : « D'après ce que j'apprends sur lui, sa vie est pleine d'incidents et soumise à de grandes fluctuations. »

Généreux, donnant sans compter, Léonard ne pense jamais à thésauriser. Quand il a devant lui quelque argent, il le dépense en grand seigneur ; il mène grand luxe, il a des chevaux, il héberge ses amis et vient largement en aide à ceux qui sont dans le besoin. Il prêche ainsi d'exemple quand il souhaite que le peintre soit désintéressé, « qu'il s'observe toujours de peur que la cupidité ou le désir du gain ne l'emporte. » Sobre et frugal, il ne cède pas non plus à la volupté qui, « si elle n'est refrénée, rend l'homme semblable à la bête. » Plein d'admiration pour l'organisme merveilleux de notre corps, il entend qu'on le respecte, et mieux que personne il sait le prix de la vie qui, « si elle est bien employée, est toujours assez longue… Quiconque ne l'estime pas à sa valeur ne la mérite pas. » Non seulement il trouve infâme toute destruction violente de la personne humaine et de l'âme divine qui « habite une si belle architecture ; » mais il veut que, par une hygiène bien entendue, chacun « tâche de conserver sa santé, à quoi il réussira d'autant mieux qu'il se gardera davantage des physiciens (médecins), car leurs compositions sont une espèce d'alchimie. »

Ainsi instruit, s'appliquant de son mieux à se maintenir dans une entière liberté d'esprit, il croit que le gage de bonheur le plus certain en ce monde, c'est de savoir bien employer son temps ; « car de même qu'une journée bien dépensée donne joie à dormir, ainsi une vie bien dépensée donne joie à mourir. » Il fait un tel cas du simple bon sens que ses visées semblent parfois bien modestes. On dirait qu'il a peur de perdre pied tant il se défie des beaux parleurs et des théories trop ambitieuses : « L'homme a grand discours, mais la plus grande partie en est vaine et fausse ; les animaux l'ont petit, mais utile et de bon sens ; mieux vaut petite certitude que grand mensonge. » Revenant ailleurs sur ce point, il présente la même pensée sous une autre forme : « Toi qui vis de songes, il te plaît plus les raisons sophistiques et coquineries des hâbleurs dans les choses grandes et incertaines que les certaines naturelles et non de si grande hauteur. » Mais s'il vante cette prudence grâce à laquelle « qui marche bien tombe rarement, » il ne blâme pas moins l'inertie intellectuelle et trouve que « qui pense peu se trompe souvent. »

D'autre part, si, mieux que personne, il sait le prix de la science, il en connaît aussi les limites, et croit qu'elle ne peut tout expliquer et que « la nature est pleine de raisons infinies qui ne sauraient être mises en expériences. » Bien qu'enivré des beautés qu'elle lui offre, il estime pourtant que « les sens sont chose terrestre et que la raison arrive à se dégager d'eux dans la contemplation. » Il y a, en effet, bien des mystères qui échappent aux démonstrations de l'homme, et les plus profonds, les plus intéressants sont en lui-même. La vie amène à chaque instant des problèmes difficiles et comme insolubles qui ne pouvaient manquer de préoccuper Léonard. » Mon Dieu, s'écrie-t-il, vous nous vendez tous les biens au prix de notre peine ; » et, une autre fois, dans un moment de cruelle angoisse, ce cri douloureux lui échappe : « Là où il y a le plus de sentiment, là il y a plus de martyre ! » En l'entendant, on est tenté de songer à Pascal, à ses nobles tourments, à ses désespoirs entrecoupés d'extases et de subits ravissements. Mais chez le Vinci de telles exclamations sont rares et ses tristesses durent peu. Ce n'est pas un mystique et il surveille ses émotions. En même temps qu'il s'entraîne et qu'il aspire aux sommets, il se contient. Sur certains points, sur ceux qui pourtant sont décisifs pour l'homme, il s'explique si peu qu'on a pu donner à ses réticences ou à ses aveux les interprétations les plus diverses et même les plus contradictoires. Est-ce par prudence, pour tenir les gens à distance et ne pas se livrer lui-même, qu'il avait adopté de bonne heure cette écriture à rebours qui lui était familière et qui rend parfois si difficile la lecture de ses manuscrits ? Il semble bien, en tout cas, que son prétendu voyage en Orient, auquel ont cru quelques-uns de ses commentateurs, n'est qu'une pure fiction, et que surtout il faut renoncer à l'idée qu'il se soit fait mahométan. Encore a-t-on pu le dire avec quelque vraisemblance et essayer de le prouver.

Quant à ce qu'étaient ses véritables croyances, le doute est, tout au moins, permis. Vasari, dans la première édition de ses *Vite*, avançait que les « recherches scientifiques de Léonard l'avaient amené à une conception tellement hérétique que ne pouvant s'accommoder d'aucune religion, il estimait préférable d'être philosophe plutôt que chrétien. » Mieux informé ou sentant la gravité d'une pareille assertion, Vasari avait par la suite supprimé ce passage. En réalité, telle est bien la conclusion à laquelle, après un sérieux examen, aboutit M. Séailles et qu'on trouve confirmée dans le livre de M. E. Müntz. Si non seulement les formules adoptées alors, mais les dispositions mêmes du testament de Léonard sont d'un catholique pratiquant, c'est vainement, en revanche, qu'on chercherait dans ses écrits quelque affirmation positive de sa foi religieuse. Les passages où, sous forme de prophéties ou d'apologues, il s'élève fortement contre les tendances ou les désordres du clergé, et même contre la prédominance de certaines doctrines qui ont cours dans la chrétienté y abondent au contraire, et c'est avec une hardiesse singulière qu'il s'exprime à cet égard. A considérer l'ensemble de ses écrits pour essayer d'en dégager les témoignages les plus probants, Léonard apparaît comme un déiste convaincu. Il serait aventureux de le presser davantage, et comme l'a très bien dit M. Séailles : « Sa religion c'est l'étude et l'intelligence de l'univers où vit l'esprit de Dieu. » Pour lui, les vrais miracles sont les lois merveilleuses qui président à l'ordre de cet univers, et, penché sur le monde, cherchant à surprendre ses secrets, il en admire surtout la beauté. Mieux que personne il est en droit de dire que « rien ne peut être aimé ou haï si l'on n'en a d'abord la connaissance, et l'amour est d'autant plus ardent que la connaissance est plus certaine. » Parfois le spectacle de l'univers lui apporte de si éclatantes révélations, et qui dépassent de si haut le commun des hommes, qu'il en reste comme ébloui et que cette vie qui lui vaut de si pures jouissances, lui fait un peu oublier la vie future. A un élan de reconnaissance vers Dieu et de soumission absolue à ses volontés, il mêle presque aussitôt un retour un peu intéressé sur lui-même : « Mon Dieu, s'écrie-t-il, je vous obéis d'abord à cause de l'amour que raisonnablement je dois vous porter, ensuite parce que c'est vous qui savez abréger ou allonger la vie humaine. »

S'il n'est ni crédule, ni mystique, ce n'est pas non plus un sceptique. Comme tous les esprits ouverts, il voit bien vite le pour et le contre de toutes choses, mais il aime à se décider. La science qui resterait confinée dans le doute n'est pas la sienne. Il croit à l'efficacité de toutes les nobles études et de tous les sentiments élevés ; il estime que la bonté est une force supérieure, qu'elle ouvre l'âme et lui communique de généreuses initiatives. Bien que son génie le porte de préférence vers les spéculations les plus hautes, il ne perd jamais pied et il ne pense pas que ce soit descendre pour le savant que tirer de sa science toutes les applications qui peuvent être utiles à l'humanité. Du reste si grand qu'ait été le penseur et le savant, l'artiste était encore supérieur. Il le savait et il le voulait, car il avait conscience de tout ce que ses prodigieuses qualités de dessinateur avaient fait pour son développement. En figurant ses pensées il les avait mieux vues lui-même et il les rendait plus intelligibles aux autres : il jugeait mieux ainsi parmi ses nombreuses inventions celles qui étaient vraiment réalisables. Les formes des choses observées dans la nature lui rendaient compte de leurs fonctions : elles stimulaient son intelligence. Il discernait, il choisissait parmi elles celles qui étaient expressives pour son art. Soutenu, renouvelé sans cesse grâce à cette pratique constante du dessin, il avait conquis par elle cette liberté suprême à laquelle l'artiste doit viser de tous ses efforts, puisque seule elle lui permet d'exprimer fortement tous les sujets qui le tentent et de se communiquer aux autres. Si exceptionnels qu'aient été les dons qu'il avait reçus de la nature. Léonard s'en est montré digne par l'emploi qu'il en a fait, et de si haut qu'il dépasse la moyenne de l'humanité, il est cependant resté très humain. Il y a toujours profit à vivre avec lui, à l'aborder par un de ses côtés les plus accessibles, par ces dessins surtout où il a mis tant de choses, où l'on saisit comme sur le vif le travail de son esprit et qui, à tout prendre, demeurent la plus séduisante et la plus complète expression de son génie.

Notes

1.   C'est là une idée que Descartes devait reprendre et exprimer presque dans les mêmes termes, quand il dit « qu'au lieu de cette philosophie spéculative qui s'enseigne dans les écoles, on en peut, trouver une pratique par laquelle, connaissant la force et les fictions du feu, de l'eau, des astres et de tous les autres corps aussi distinctement que nous connaissons les divers métiers de nos artisans, nous les pouvons employer en même façon à tous les usages auxquels ils sont propres et ainsi nous rendre comme maîtres et possesseurs de la nature. » Discours sur la méthode, 6e partie, t. I», p. 192.

2.   C'est d'ailleurs dans le sens de l'aviation que sont dirigées les recherches les plus récentes faites en vue de la navigation aérienne.

3.   Il y a là une disposition d'esprit analogue à celle que Pascal

montrera plus tard. Ainsi que Léonard, en effet, il se plaît à ces contrastes et à ces continuels renversements qui, pour toute idée, vont du pour au contre. On en trouverait la preuve dans un grand nombre de ses Pensées : « La concupiscence et la force sont la source de toutes nos actions… On a fondé et tire de la concupiscence des règles admirables de police, de morale et de justice ; » ou encore : « Il n'y a que deux sortes d'hommes ; les uns justes ; qui se croient pécheurs, les autres pécheurs, qui se croient justes. »

4.   Cette conférence a été reproduite dans le volume : Essais sur la Théorie du dessin par M. E. Guillaume. Paris, in-12, 1896.

5.   Dictionnaire de pédagogie, t. I, 1er partie, p. 671 et suiv.

6.   Libreria di Lionardo da Vinci ; Note di un bibliofilo, 1873.

ISBN : 978-172189512

Lightning Source LLC
Chambersburg PA
CBHW070927220526
45468CB00005B/1688